JN123219

北井孝英
Takahide Kitai

知道出版

◎まえがき

今、これを夜中の3時に書いている。横で愛ネコのミコが〝スースー〟と眠っている。いわゆる〝へそ天〟をしたり、アンモナイトのようにクルリと丸まってみたり、ピーンと身体を伸ばしてみたり。途中まではじっとオレの書いている姿を見ていたのだが、いつの間にか気持ちよさそうに眠っている。

こういったささやかな幸せがココロのへそくりになる。

ココロのへそくりとは、人に何かをしてあげたり、助けたいなどの心の豊かな気持ちだ。

ココロのへそくりを貯める。

ココロのへそくりは人に与えても減らない。与えるもの。

そこがお金のへそくりと違う。

それどころか自分のへそくりは増える。

一般的な考え方も大事だけど、自分がどうしてきたのか。それぞれの人が、自分の考え方を作り上げて欲しい。

この本に書いたのはオレにとっての考え方であり、皆違っているのだから。


本当に大事なことはいちいち人に話さない。

でも、それはいざという時に自然と出てくるようにはしていたい。

自分の信念というか、本性というのが出てくるのだ。

そのへそくりを人に話したりするのは、へそくりでも何でもない。

無いものを有るように見せているだけだ。


この本が読み手と繋がって、読み手は自分の中にある何か、自分なりの発見をしてくれたらと思う。

何か一つでもいい。だから、この本はあまり統一感がなくていいのだ。

まえがき

なぜ、本書を書くに至ったか。
本当はこういったものでなく、普通に文章としての本を書くつもりだった。
その内容を色々と書き出していた。
そのまま、コピーしてノートの文章を渡した。
そして編集の松原さんの言葉。
「これでいきましょう！」
「力がある！　言葉に」
と言って頂いたのが嬉しかった。
勢いがついてここまで一気に書き上げた。
上手い文章とはほど遠いが、今思う、そのままを書いた。
もし本書の中で皆様に思うところがある、そんな文章があれば幸いだ。

北井孝英

目次

ココロのへそくり　○目次

悩む

1

夢を追いかける

夢みたいなことばかり言っているんじゃないよ、とよく言われる言葉だけど、本気で夢見たら実現するもの。

まるで本気度が試されているかのような試練が途中にやってくる。

それでやめるならそれまでの夢。

本気度は時に感情的にもなるし、もしかしたら周りに迷惑をかけるかもしれない。

内なる情熱の人もいれば、オレのように怒りを変換というかエネルギーにして行動する力に変えるという人もいる。

〝本気度は試される〟ということを覚えておいてほしい。

夢や、やりたいことが大きければ大きいほど、障害や壁は大きく高くなってくる。

そこで、よしやってやろうと思うか、まだ無理と諦めるか。そこが別れ道になる。

2 誘惑

人はいろんな誘惑にさらされている。
誘惑という甘い蜜はささやく。話しかけてくるのだ。
わからないよ、バレなければいいよ、と。
しかし、その時どうするか。
そういう自分が好きか嫌いかで信念に照らし合わせる。
もしくはカッコいいか、カッコ悪いかでもいい。
完璧な人間にはなれない。
どれだけ近づけるかどうか。

3

完璧

完璧な人間に近づこうと思うが、それには反対の失敗がどうしても必要だ。多くの失敗を知り、経験をしなければ本当に何かを理解したとは言えない。当たり前だけど、挑戦、失敗を繰り返して精度を上げていくしかないのだ。

4

失敗したくない

誰でも失敗したくないし、近道も知りたいと思う。

オレももちろん同じだ。

でも、もし今、失敗したり負けたりして、落ち込んでいるなら、ちょっと考えてほしい。それは成功の前触れだと。

少なくとも同じ失敗はしないだろうから。

失敗したら、何故失敗したか客観的に分析する。そして修正する。繰り返し。

同じ失敗はもう起こらないというメリットがある。

自分は必ずできる、という思いが失敗を乗り越える。

失敗は堂々と。

成功は謙虚に。

5 回り道

急がば回れという言葉があるけど、これは確かに、と思う。

自分は回り道をし過ぎた感があるが、半分くらいはその方が早かったと思っている。

いつもと違う道を行ってみたら、ずっとわからなかったことを発見できたりするものだ。

探し物と一緒。

急ぐ時ほど、心はゆっくり冷静に、客観的に。

身体の動きが心に影響しないように。

6　予測する

自分の予測と相手の動きとの予測が違ったとする。

こういう作戦を立てて挑んだが、読めないことがあるということを予測しておく。

その時は自分の信念というか、考え方の軸というか、それに戻って、その場その場で小さい事に左右されず、この筋に戻ると、大きな軸を決めていればいい。

そこで相手が予測するだろうことを再度予測していく。

7　人は依存する

人間が助け合う依存なら、良いと思う。
そうは言っても、自分の足で自分の場所にしっかりと立ち、離れ過ぎず近づき過ぎず。
木と木が近過ぎれば、成長が妨げられるように。
自分自身でいるから人の違いを認められる。
自由に枝が伸びるように、適度な人間関係を保ちつつ助け合っていきたいものだ。

8

我慢

どこまで我慢出来るか。
挑戦する気持ちがある場合は有効。
我慢が悪い爆発になることもある。
我慢は怒りと似たところがある。
上手く転化すれば、凄いエネルギーを出す。
行動するため、目標を達成するため。

9　人間はバランス

ここの部分が弱いとしたら、そこを強くするには、筋肉を鍛えるのと同じ。
何度も挑戦して諦めない気持ち。
弱い部分だから、失敗や嫌な事が起こるだろう。
それを次に同じことが起きたらどうするかを考えて、試していく。
格闘技、スポーツなど、試合という正に試し合い。

10　リスクと覚悟

失敗した時に現実を受け入れる。
成功しても油断しない。
次の成功に向かってリスクを取っていく覚悟。
リスクと得るもののバランスが必要だ。
リスクは避けるな。
リスクは選べるのだ。
リスクを負わなければ、得るものも小さいか、無い。

11　陰と陽

人間強い所があるということは、弱い所があるからわかる。
弱い部分を強くしたら、また他の部分が弱く見える。
筋肉と同じでいっぺんに完全にはならないし、常に弱い部分を強くする。
バランスをどこで取るか。
光があるから影がある。
バランスが大切。

12 出来る

自分が思っている自分の基準を少し上げてみる。
自分は必ず出来るんだと思い込む。
出来るんだ！　と。
失敗してもなにくそ、見ていろと思ってやってきた。
思い込むんだ。

13 弱点

弱い部分を見つけたり、言われたりしたら、逆に、それを強みに変えるんだ。
トレーニングでも弱かった所が、一番強くなったということがよくある。

14 弱さ

現実と向き合い、それを受け入れる。

人は弱い生き物だと思う。

他人も同じ、いや、それ以上に苦しんでいると考えると、自分だけが苦しいんだというのは、カッコ悪いと思う。

15　違和感

違和感は悪いものか？
一般的に違和感は、あまり良くない意味で言われることが多い。
しかし、違和感は正常な状態だと思い込んでいることに、疑問を促してくれる。
また、個性でもあると思う。
それはある種、カリスマ性ともオーラともいえるかも知れない。

16

思い込む

できると思えば思うほど、いい。
できる可能性が高くなる。
シンプルなことだ。

17 人のペース

自分のペースは予測可能。
他人のペースは予測困難。
自分のペースに持ち込むには、相手に予測させるんだ。

18

自己ブランディング

なりたい自分になるために。
例えば、自分に正直に生きるという自己イメージ。
誰かのようになりたいと真似てみるのもいい。
自分はこういう人間だと。
わかりやすくするのがブランディング。

19

出来るという誇り

出来ないと思う理由は何か。
今まで受けてきた教育だったり、環境だったり、
周りの人間に影響されていたのだ。
人間は自分で自分を再プログラム出来ると言われている。
悪い思い込みや教育を消去して、再プログラムすればいい。

20　怒る人

怒る人はダメなのか？
世間では怒らない方法など、たくさんの情報が出ている。
怒る人は本気なんだと思う。
怒らない人は自分には関係ない、と合理的というか、、、
少しさみしい感じがするのはオレだけだろうか？

21 相手を推し量る

思いやりというもの。
相手を正しく思いやること。
くれぐれも間違った思いやりをしないこと。

22

もう一歩だけ

何かもうダメだと思って「死のう」と思ったとしても、あと少し、今日一日頑張ってみるという勇気を持つ。

死を覚悟したなら、大抵のことは出来ると思う。

やり残したことをやってみる。

生きる勇気を持つ。ネコや犬を育ててみる。彼らを残していけるだろうか。

今日は昨日の自分より進歩していると思うこと。

何でもいい。

何でもいいから、今日が最高というものを見つけてみる。

無ければ、今日が人生で最も長生きしている日の記録更新の日だ。

今より良い時は無いのだと。

今だけ確実に生きているのだ。

23

本質とは

何が本質か。
もともとは何だったのか……。
そういう風に考える。
たくさんのものが欲しいとする。
何故そう思うのか。
その気持ちの本質はどこにあるのか。
人のためのものなのか。
自分のためのものなのか。
物事の本質、もともとは何だったのか。
それを意識してみて欲しい。
それが自分を知るきっかけにもなる。

24 見る角度

物事を一方的な角度や考え方で見ることは、危険だと思う。
どんなに正しいと思っていても、他の見方もしておくべきだ。
こういう見方もある、ああいう見方もある。
一つのことにはあらゆる可能性がある。
いろんな方向から物事を見る事が大切だと思う。

25

圧

緊張感
＋違和感
＋腹に力が集中している
＋体はリラックス状態
＋目の奥に力を入れる
＋静かな呼吸
＋ゆっくりした動作

こんなイメージだ。

26 痩せガマン

男はね、やっぱり痩せガマンが根っこにあると思う。
グッと堪えて、平気な顔でいる。
水面下では足をバタバタさせているんだけど、見せない。
周りに心配をかけたくない。
そういう不器用なものだと思う。

27　後悔

後悔をしない生き方をしたい。
何か選ばなくてはならないとき、決断をしなければいけないときがある。
いろいろな状況があると思うが、後悔をしない方を選んでいきたいと思う。

28

未来の意味

もし未来が選べるなら、どんな未来を選ぶか。
それが指針となり、目的となる。
偶然というものは、ある意味必然なもの。
たまたまと思うのではなく、受け止めてみる。
全ては意味があると。
自分が選んだ未来に必要なのだと。

29

自分で判断する

人に意見を聞くのはいい。
いろんな考え方を身につけることが出来る。
でも、最後は自分！
責任は誰もとってくれない。
生まれてから死ぬまで、他の人は代わってくれない。
責任と覚悟を持っていけ。

30

本当の自分

自分で内省して本当の自分を見つける。
それを受け入れる。
失敗してもいいんだと、自分を認めてあげる。
反省すべきところは反省して相手がいれば素直に伝える。
大事なことだ。

31 思い続ける

寝ても覚めても思い続ける。
それがやりたいことであり、今の問題だ。
思い続ける。
諦めない。

32

覚悟

助けてくれと言うべきか。
ここはオレは譲れない。
賭けてみるか。
オレの全て。
何もしないで見ていれば、静かにしていれば、危険は無いが。
自分を追い込み、やるしかない。
やってみなけりゃわからないだろう。
怒りは破壊と裏表。
だけどやらなきゃならないときもある。
オレが負けを認めない限り、心が折れない限り、覚悟を持って闘おう。
やってみなければわからない。

33

運命

激しい怒りがわかるのか。
人はそれをコントロールするべきだと言う。
オレの心に蓋をして、なかったように生きてゆく。
そうやって、上手く付き合っていけと言う。
オレのことを知っているのか？
何を？
上手く対処するばかりのアドバイス。
オレの心は怒りと悲しみが混在している。
この痛みをどうすればいい。
運命。
賭けてやろうじゃないか。

34

崖っぷち

ギリギリまで追い込まれて、崖っぷちまで追い詰められたら、泣いて助けを求めるか。

飛び降りて運を天に任せるか。

飛び降りてみると言いたいところだが、守るべき人や何かがあるなら、命乞いをしてでも生き延びることは恥ではないだろう。

35 キレイ事

何だかんだ言ったところで、キレイ事ばかりじゃダメだと思う。
時にはガマンして頭を下げ、時には泥水をすすり、時には落ち込む。
時には金の無さを嘆き、それは「今に見ていろ」の原動力となる。

36 言い訳

言い訳が嫌いだ。
何かをやらかした時、素直に謝ることができるか。
理由をくっつけて正当化をするか。
起きてしまった失敗は仕方ない。
それを正当化するのが嫌いなのだ。
まず認めて謝ることだ。
これで俺の場合は大抵うまく済んでいる。

37 ジタバタしない

生きていれば色んなことが起こるだろう。
ジタバタしてそれが解決されるならそうしたい。
なるようにしかならないというのが本当だ。
どんなにジタバタしようが、なるようにしかならないという気持ちでいたい。
気が楽だし、周りに迷惑かけないしね。

38

弱さは強さ

自分の弱さを出すには、自分を信じることだ。
自信。
こんな弱さもあるけれど、これが自分自身だと堂々と表現していく。
オレはこれくらい何でもないよ。
何を思われてもオレを変えられないよ。
これも痩せガマンかな。

39

種を蒔く

生きていれば、自分の蒔いた種が芽を出してくる。
自分の蒔いた種。
良くも悪くも自分が刈り取らなければならない。
ならば良い種を蒔いて良い収穫をしたいじゃないか。
蒔いた種は自分に返ってくる。
刈り取るその時には、どんな種を蒔いたのかわかるだろう。

40

頭を下げる時

頭を下げたくないが、頭を下げなければならない時は、素直に下げればいい。
下げた頭は戻す。
いつかその反動の力で見返せばいい。
そう思うと、下げなくていい頭を下げるのも、気が楽になるものだ。
よし見ていろよ、の気持ちを持ってさえいれば。

41　何が正しい考えか

考え方に正しいとか正しくないということはあるのか。
それぞれが自分の考え方をしていくのが正しい考えだ。
そう思う。

42 問題

問題があれば、解決しようとする。
解決できない場合は、方法が間違っているのだ。

43

弱さ

人間は弱い生き物だと言った。
どうしても楽な方を選びがちだから。
苦しみや困難を受け入れる。
そんな強さと覚悟と勇気が欲しい。

44　問い

自分が持っている疑問や問いを明確にしておく。
そうすれば、本を読むときも効率的だ。
何気ない日常の中にも答えはあるかもしれない。
自分が何を知りたいか。
明確にすること。

45

自分

俺が好きなもの。
何故好きか。
成長したと思った経験はどんなものか。
信念はどこから来たのか。
そういったものを辿っていくと、今の自分が見えてくる。

第2部

動く

46 経験してみる

頭の中でイメージすることは大切だけれど、やったことがないことをイメージするのは難しい。

何でもいいから、わからない時は動いてみること。

間違いや、失敗を通して、段々とコツがわかってくる。

余計なことが省かれて、シンプルに理解できる。

自分は何でも覚えが悪いから、やってみて覚えるしか無いのだ。

47　リスク

えらそうに書いているけど、これしかない。

今まで経験してきたことを組み合わせて、新しい組み合わせが出来る。そうやって試してみる。その繰り返し。だから失敗も多い。その失敗から得たものがあるのも確かだ。

失敗した分、成功の確率は上がる。失敗しても、こうなりたいという目標があるから諦めるということはない。頑固だけれど、それだけではない。

失敗しないうちは成功すると思ってやっている。だけど、上手くいかないんだね。上手くいって、ピッタリ合った時は、それが新しい経験となる。成功体験というのかな。積み上げて乗り越えていくうちに何だかずいぶん遠くまで来たなあとふと思ったりする。

それから、新しい経験をするには相応のリスクを覚悟する。

リスクが少なければ得るものも小さくなってくる。

誰でもリスクは怖い。その怖さに向かっていく勇気。

もとになるエネルギーが失敗した時の悔しさだったり、怒りだったり。そうやって1日、朝起きると何か新しい発見を求めて動く。家でじっとしているのがもともと嫌いだ。

若い時、わけもなく車に座ってどこに行くかあれこれ考えていた。

どうしても決まらない時は、もうエンジンをかけて運転しながら次はどっちに曲がろうとか、そのうちに確か近くに本屋があったなとか、文具屋があったなとか目的地が出てくる。

何も決められない時は何もしないで待っていてもダメ。動いていると何か見えてくる。決め方は簡単だ。何かこっちに行ったほうが気持ちが落ち着くだとか、好きな道だとかなんでもいい。直感で動いているうちに、だんだん頭が整理されてくる。

そういう決め方だってありだと思う。目標を立てて、計画して実行する。

途中、障害となるものがあり失敗する。なぜ失敗したのか、客観的に見る。

そしてまた新たな計画をして繰り返すのだ。

48　目印

どこに向かうのか。

どうなりたいのか。

車のレースは、例えば、車が横滑りをしたとする。コースアウトするかしないかは、見ている方向によって変わる。行きたい方向を見ていれば、ハンドルも自然と正しい方向へ向かって切っている。

人間も同じ。

ナビで目的地を入れるように、または地図で目的地を調べておく。そこに行くには、様々な目印があり、そこを目指していく。ナビも入力された場所を計算して最適なルートで案内する。

脳にナビをインプットする。脳は自動的に目標に向かう。

まず何をしたいか。

何をするかを決める。

49　行動の時機

いつか待っていれば何かきっかけがやってくると思っていたらそれは間違いだ。

自分の経験という一見バラバラに見えるピースも何かの目的のために散りばめられているものだ。

準備が出来た者にそれはやってくると誰かが言った。

やろう！　と思った時が準備が出来た時だ。

準備をしようと待ってはいけない。

50 力を抜く

ゆっくりと静かにまるでネコのように歩く、動く。
しかし、いざという時は獲物を狩るかのごとく、爆発的な力を発揮して動く。
いつも激しい感情を外に出していてはいざという時に力が半減する。
自分の内面にしまっておくのだ。
力を抜いておくということが大事だと思う。

51

臨機応変

目標があり、信念がある。

でも、何か障害や壁や問題が起こり、事が上手く進まないことがある。

そういう時は無理をしない。

何かが間違っているために解決出来ない壁や問題かも知れない。

少し回り道しても、その場その場で臨機応変にやれたらいい。

ナビだって渋滞の道を近いからと言って、そのままにしないで迂回したりするではないか。

52 行き当たりばったり

どんな時も、自分の信念というか、その時の目的というか、それをしっかり持って、相手に振り回されそうになったら、そこに戻ればいい。

常に本質を見ることだ。

枝葉に捕らわれてはいけない。

行き当たりばったりでは、勝ち目はない。

53　ゆっくりと

身体（からだ）や周りの動きが速い時ほど、視野を広く本質を見極めながら、必要な時は自分の内側に圧力を入れる。

時には外に圧を放ってみせる。

緊張感とも言えるかも知れない。

それにはゆっくり動くことだ。

54

人間は完璧ではない

人間は完璧を目指して失敗に修正を加えて向上してゆく。
決して完璧にはなれない。近づけようとするだけだ。
オレは完璧とは程遠いが、自分を認めていればそれでいいと思う。
自分に恥じない生き方をしていれば。
完璧主義は、逆に相手の失敗を許さないのでコワイ。

55

同調する

一流のものに触れる
人・物・場所。
全て一流は一流に同調する。
同じ周波数になっていく。
人で言えば、その人の師に当たる人。
どんな人間に師事していたかで、その人間の周波数も変わる。
同志が共振して、その近くにいる人間に影響を及ぼす。
今一流と言える人間は誰か？
どう振るまえば良いかわからない。
自分にとっての一流を見本にする。
一流が一流を作る。

56

信じればいい

どうなりたいか？
それを明確にする。
バカにされてもいいのか！
イヤなら自分なんかという考えは持たずに、諦めずに進め。

57

自分の経験を信じる

既に誰かが途中までは答えていることが多い。
それに自分が経験したことを通して。
自分のやり方、答えを見つければいい。

58 恐れていい

人に環境を作ってもらおうと思うな。
自分から取りに行け。
悩んでいたら、動いてみる。
多くの失敗を乗り越えていったら成功が見える。
恐れという敵は自分の中にある。
恐れには、勇気だ。

59　コンフォートゾーン

少しだけ快適空間から飛び出してみる。
ほんのわずかでも、飛び出す。
そうすれば、何かが起きる。

60　備える

頭ではわかっていても動けない。
そういうことは多くある。
そのために練習、慣れておくのだ。

61

自分リズム

サッカーやバスケットボールのカットが得意だった。

相手の身体の動きに気を取られ過ぎず、目的のボールだけを見ていったら、ボールはそれほど複雑な動きをしていなかった。

リズムが予測をつくる。

自分の予測を相手にわからせない。

62

自分のペース

オレは一度にたくさんの事柄を掛け持ちすることは、大変苦手だ。
一日に一つ仕事をするということを常々やっている。
朝起きて、それに集中し、イメージを膨らませて、一点集中でやる。
自分にはそれがあっている。

63　筋肉と脳

筋肉は裏切らないと言われるが、

人間の脳も信念を持って目的を持てば、その方向に向かって裏切ることはない。

自分を信じることだ。

筋肉はストレスが少ない効率的な動きをしている場合、発達は遅い。

人間も、効率ばかり考えていては成長が遅い。

64

助けてもらう

助けを求めることは弱さではないと思う。

自分で越えられない壁がきた時に、逃げるか、立ち向かうか、人に助けを求めるか。

人は助けて欲しいと言われて、それほど嫌な気持ちにはならないと思う。

助けを求める人は、ある恐れを克服している。

断られるという恐怖だ。

65 精神を鍛える

人間の身体を鍛えるように、精神もまた鍛えることができる。
少しのストレスから始めて、慣れたらもう少し強いストレスを自ら受けるようにする。
そうすると筋肉と同じように発達していくものだと思う。
少しずつでいいから、快適な場所から離れてみることだ。
ぬるま湯に浸かるという言葉もある。
少しそこから出てみると良い。
身体を鍛えるように、脳も心も鍛えられる
身体も脳も心も鍛え方は同じだ。
ストレスを与え、それに慣れさせ、また新たなストレスを与える。
休息を入れながら。
シンプルなものなのだ。

66

追い込む

後には引けない環境に自分を置いてみる。

これはキツい。

でも、精神を鍛えるにはとてもいい。

トレーニングで追い込むのと同じだ。

精神的に追い込まれた時、人は希望を持てるか持てないかで、大きな差が出る。

希望はココロのへそくりなのだ。

67 伝える

コミュニケーションとは、熱意を伝えることだと思うんだ。
失敗しても熱意が伝わってくれれば、次は何かやるだろうと思える。
怒りって、愛なんだよね。
上手く伝えられない愛情。
そんな風に思う。

68 議論

オレは激しい議論をする。
はたから見たらケンカ腰。
何故か。
わからないが、ずっとそうだ。
頭では相手の言いたいことはわかるが、心の底から相手を理解するには、今では
それが一番だと思っている。

69

何かを得るには……

両手に何かを持ったら、新しいものを持てない。
どちらかを手放す必要がある。
手放す勇気。
どちらを手放すか。
間違った選択で手放していったとしても、それが新たな経験となり、後に役立つ。
直感を信じてみるんだ。

70　行動

どんな上手く言葉で話したとしても、文章にしたとしても。
その人の行動で示す。
最も伝わる方法だと思う。

71　前例

よく話し合いや議論の中で、それは前例が無いので……という言葉を聞く。
そこで言うことは、前例が無いからやりがいがある。
前例が無いなら作ってしまえ。

72 覚悟を持つ

覚悟を持って、圧を放ち、気迫に満ち、勇気を持つ。
困難は逃げていくだろう。
困難との勝負なのだ。
負けたくはない。
ダメでも次は負けないと、前向きにいく。

73 イメージと現実

たくさんの経験をすることが重要と言っているが……。
経験を使って様々に組み合わせ、想像する。
脳が新たな繋がりを作る。
想像して経験したことにする。
脳を騙すこと。
どうとでも出来る。
いわゆるイメージトレーニングだ。
オレはこれを長い間、やってきた。おすすめである。

74 自己イメージ

セルフブランディングも、イメージをたくさんすること。イメージをすれば、身につけることが可能だ。なりたい自分を細かく、細部まで想像してみるといい。

75 気という言葉

好きな言葉に、「怒り」と「気」というのがある。
「気」というのは、いろいろな言葉に使われる。
本質的なものだと思うんだ。
「怒り」はエネルギーの源。
なにくそで、自分を奮い立たせる。
こういうピンと張った感じがいい。

76 アウトプット・インプット

何かを経験したら、また覚えたら、外に発信してみる。
教えてみたり、人に話してみたり。
人に教えること、話すこと、それが一番自分の身になるものだ。

77 イメージの種を蒔く

大きな夢があったなら、いきなりそれをイメージしても上手くいかない。

最初の一歩は達成しやすいもので、最終目標に方向づけするための種を蒔いておくことだ。

その種が次第に成長していき、刈りとる頃には、もっと達成困難な種を蒔いていいるだろう。

そうやって夢や大切な目標に近づいていくのだ。

78

何を伝えたいか

話しや、議論などの時、自分が相手に何を伝えたいのか、何を知りたいのか。
そこを明確にしておく。
そして周りくどく話さないこと。
全て説明しなくてはならないと思わないこと。
最小限の言葉で言いたいことを伝える。
相手がわからない部分は、質問してくるからそれに答えていけばいい。

79

予想外も予想の内

不安な時はリラックスしろと言っても、なかなか出来るものじゃ無い。
身体を動かして、身体の力を抜くというのは効果がある。
それから前もって予想しておくこと。
イメージしておくこと。
いろいろなケースを考えて、シミュレーションしておく。
テストで過去問をたくさん解いておくのと同じだ。

80

謙虚に聞く

自分の意見ばかり主張したら損だ。
いろいろな人がいろいろな人生経験をしている。
それを聞かない手は無いと思う。
同じことが出来るかどうかといえば、それは人それぞれだから難しい。
しかし、その人の経験の一部を体験出来る。
だから、人の話を聞くのが好きだ。
本もまた同様。
何もない時は本を読む。
人の経験の何分の一かでも共有してみる。
外に出て、人と会うのもいい。
ゆっくり自分の内側に入って楽しむのもいい。
自分の心を幸せにするのは、自分しかいない。

81

読書

読書の仕方が独特かもしれない。

自分が思っていること、経験したこと、導き出したことを、他の誰かが上手く表現していないだろうかと本を読む。

なるほどこういう言い方、表現の仕方があったかという時は、たった一行だとしても買ってしまう。

その本の考え方、表現の仕方を見る。

そして自分なりの考えを導き出す。

82

痛くなってから

痛くなってからが勝負だ。
そこまでは準備運動。
と言ってもそれをいかに丁寧にやるか。
いろいろな方法で。
そして、痛みがくる。
もうダメだと思ってからの数回。
これが筋肉を成長させる。
心も同じ。
辛い時の、もう一踏ん張りが大切なんだ。

83 困っている人がいたら

自分の出来る範囲、責任の中で人を助ける（無理はいけない）。
それはたくさん騙（だま）されてきた中でも変わらない。
騙した人間にも苦しみがあったんだろう。
自分で判断したことだ。
助けた後の見返りは必要ない。

84 習慣

習慣で毎日運動する。
体に良いことをする。
これも大切だ。
しかし、常に新しいことに挑戦することを習慣にしたい。
同じことをしても少しづつ違ったことをする習慣。

85

健康

健康な時って、本当に当たり前のようにしているけど、少し具合が悪くなっただけで、普通にしていたことが素晴らしく思える。

健康が当たり前だと過信すると、身体は休めと信号を送ってくる。

そうなる前に休むという習慣を身につけたい。

86

やるかやらないか

そうしたいのか、そうしたくないのか。
好きか嫌いか。
だけだと思う。
自信がなければやってはいけないなんてことは全くおかしい。
やりたければやってみろ。
ですね。

87

こうと決めたら

一旦こうだと決めたら、山をも動かすくらいの気持ちでいく。
気持ちだけは何でも来いの気持ちだ。
その時に、ココロのへそくりが足りないとフニャッとなってしまうんだ。

88 軌道修正

オレの中でとても困った人というのは、頭をフル回転しないと何が言いたいか理解できない人間だ。

普通の会話で頭をフル回転なんかしていたら、疲れきってしまう。

そういう時は、こちらからあえて質問して軌道修正してやるんだ。

89

ルール・自分との約束

誰でも人に言わない自分だけのルールがある。
こだわりと言ってもいいかもしれない。
別に他人に言うことではない。
何でもいいのだ。
これを信念にまで昇華していく。
こういう自分でありたい、それを少しずつルール化していく。
これもココロのへそくりなのだ。

90　勝負

激しく厳しい闘いかもしれない。
闘う前からから負けを考えてどうするんだ。
勝つために苦しい思いもしてきた。
勝負が決まってないならば、勝機はある。
負けを認めることはしたくない。
倒れても立ち上がろう。
自分に打ち勝つのだ。

91

気づかないフリ

誰かと会って、例えば、誰かに何か失敗を見られたくないようなことがあったら、
分からないフリをしよう。
気づかないふりも、思いやり。
そう思う。

楽しむ

92

負けること

生きていれば負けることもある。
勝ちたいけれど負ける。
負けること自体は恥だと思わない。
だけど気持ちが負けたらそこで終わり。
またなにくそと、次に向かって高揚感がなければならない。
それは良い経験だと思う。
同じ負け方をしないという利点もある。
負けたら落ち込むより、次に勝つ喜びをイメージする。
でも気持ちで負けたらいけないよ。
自分が負けを認めるまでは負けてない。
認めたら、今度はまた勝つ楽しみが生まれるよ。

93 苦労や我慢

苦労や我慢はしても心が豊かでおおらかな気持ちでいられたらいい。

苦労や我慢は、その人の味というか、匂いというか、個性に何かをプラスしてくれる。

お金に苦労したなら、お金にシビアになるかもしれない。

でも自分が苦労したぶん、同じ状況の人を見ると何とかできることをしたくなってしまう。

人を助ける。

それがオレにとっての成功だと思っている。

どうして苦労とか我慢したことを話すのか。

たくさんの苦労、我慢、失敗が心を鍛え、心の筋肉が鍛えられるということを伝えたいからだ。

昔の自分では耐えられなかったことが、今の自分は耐えられる、超えられる。

94 成功と失敗

誰かが自分のことを成功しているか上手くいっているいると言ったとしたら、それは人よりたぶん多くの失敗をしたからだと思う。

失敗は人を落ち込ませるけれど、いちいち落ち込んでいたらそれだけで人生は終わってしまう。

失敗を続けるうちになぜか、高揚する感じになってくるんだ。

さあどうやって解決しようかと、一歩前進できる。

自分はやれる、出来るという具合だ。

諦めない。

自分を信じることだ。

成功は他人から認められることではなく、自分の望んだ通りの人生を送るかどうかだと思っている。

例えば、全く失敗せず、全てうまくいって、外から見たら大成功している人がいるとする。
その人は他の人の失敗する気持ちがわからない。
何で出来ないの？　と。
失敗は〝謙虚さ〟を教えてくれるとオレは思う。

95

好きなこと

好きなことは他人が見ているほど努力していると感じない。

周りから凄いね、頑張ってるね、根性あるね、などと言われても、たぶん、言われた本人はさほど苦痛ではないと思う。

好きだからだ。

やらなければ気が済まないからやる。

それが見つかった人は幸運だと思う。

96

情(なさ)けは人のためならず

情けは人のためではなく、巡り巡ってそれが自分に戻ってくる。

自分のためだということ。

人間は自分のためだけに動く。

ただし、その目的は人間性によるものだとそういうことをマーク・トウェイン(『トム・ソーヤの冒険』などの著者) も書いていた。

うん、その通りだと思う。

97

適材適所

人には得手不得手がある。
それぞれその人に合った場所・環境がある。
上手くハマれば、楽に生きられる。
苦労なく、ということではない。
向いている、やりたいことだからやらずにはいられないし、楽しいのだ。
だから本人は他人が見るほど苦労や努力をしていると思っていない。

98

カリスマ

有名人はオーラが凄いと言ったりすることがある。
オーラ、カリスマを感じさせるのは何か？
そこにいるだけで存在感がある、違和感の塊ではないのか。
独特に強烈な個性を放っているのだ。
普通は理解し難い個性が、オーラやカリスマになるのではないか。
人の特有の匂いというのもある。本当に匂うわけではない。
自分と似た匂いがすると言ったりするが、同類ということだろうか。
その匂いがオーラになるのか変なクセとなるのか、たまに人を観察してしまう。
カリスマは、その人間に秘密がありそうだったり、底が見えなかったり。
ココロのへそくりをたくさん持てば同じこと。
近寄りがたい……というのはその人の〝見えにくさ〟のためだ。

99

間の重要性

間も使い方次第。
間一つで形成逆転可能にしたり。
心の間。
無言の間が持てる相手は互いが尊重し合ってる。
居心地が良いものだ。

100　本の面白さ

常々思っていることがある。

今自分が見ているもの、見ている世界は、実は、何かの中にあるのではないか。何かというのは今は想像が出来ないが、想像できる範囲で言うと、コンピューターの中だろうか。そういった映画やＳＦがある。

オレは運命的に出会った一冊の本からずっと考えている。

１９９０年刊の高橋英之氏の書いた『コンピュータの中の人類―ソフト宇宙のコスモロジー』という本だ。

学者の先生の書いた一般向けの本だと思うが、少し難解な言い回しはあるが、これはドンピシャ頭に入ってきた。こういうことがあるから本は面白い。

オレの言いたいことは、本に自分との共通点を見つけて欲しいということ。たくさんの本を読んで、独自の組み合わせをする。

自分の考えなり発見をして欲しい。

確認作業としての読書をオレはしている。

どんなジャンルの本を読みますか？　とよく聞かれる。

自分が考えていることが、他の人も言っているか。

また、違った表現方法があって、より上手く伝えているものはあるか。

そういった興味から本を選んでいるので、決まったジャンルは特に無いのです。

101 休む

筋肉はストレス（負荷）をかけることで発達するが、常に負荷をかけ続けていては怪我をする。

心も同じだ。

疲れたと思ったら、休憩を取ればいい。

身体が信号を出しているのだから、それに従えばいい。

102

目標の大きさ

大きな目標は達成も困難だ。

小さな目標は達成しやすい。

ただ、ここでどちらを選ぶかは、考えるとドキドキしたり、ワクワクしたりする大きな目標の方を選ぶだろう。

大きく目標を立てたからと言って、すぐに達成するわけではない。

小さな目標を刻んでいけばいい。

その積み重ねが、大きな目標に近づく。

103

演じるということ

演じると言っても経験もしたことがないことを演じるのは、見せかけの単なる表現でしかない。

本当に経験して感じて、それが自分のものと合致したなら、そういう自分を見せればいいいと思う。

こうなりたいという気持ちで自分自身を演じるんだ。

104

空気の匂い

その土地ごとに独特の匂いがある。

雨の匂いというものもある。

小さい時は毎日同じ家の外でも、匂いが違って感じられた。

沖縄の匂い、ハワイの匂い、北海道の匂い、箱根の匂いなど、それぞれの匂いが違う。

それぞれ思い出せたら、よりはっきりその場をイメージできるだろう。

同じように、人間にも匂いのようなものがある。

相性が合う、合わないは、案外、匂いが関係したりするのじゃないだろうか？

視覚的な相性もあると思うけど、オレは匂いが一番イメージしやすいし、影響される気がする。

例えば、同じ香水をつけていても人によって違う。

匂いはもちろん、感覚的にまったく違うことがある。
人間の身体は面白い。
記憶を引っぱり出すのは、匂いが一番だ。
安心する匂いとキンチョーする匂い。
人の相性って、そういうものもあるんだと思う。
天気の良い日に干した布団の匂いも良いなぁ。

105

電話でのやりとり

電話は相手の話す顔が見えない。

声やトーン、速さなど、それだけで判断する。

とても情報が少ないため、慎重に判断しないといけない。

要は、人間はやはり顔と顔を合わせて話し、コミュニケーションを取るのが大事だと。

コロナ禍でなかなか難しくなったが、大事な話は直接会って、自分の〝気〟持ちを伝えるのが一番だと思う。

相手に自分の〝気〟持ちを伝える。熱意を伝える。

そういう会話が出来たら、変な誤解やイジメさえもなくなってくるのではないか。

106

問題の捉え方

良い質問が良い答えを導くと言われる。

たしかに良い質問は、自分でも予想していないような答えが出てきたりする。

問題についても、そもそも問題自体が間違っているということもあり得ると思った方がいい。

107

頭の中はシンプルに

頭の中はシンプルにしておくといい。

ゴチャゴチャあれもこれもと入れておくと、自分の信念みたいなものまで埋もれてしまう。

適切な判断もできなくなってしまう。

頭の中も断捨離が必要だと思う。

108

勇気

人間は勇気を持っていたい。

行動する勇気、人のやっていないことをする勇気。判断し、考え、完璧ではないかも知れない何かを行動に起こすには、勇気が必要だ。

その源となるものを心にためておきたい。

何くそ、と思う気持ち。

悔しいという、怒りの気持ち。

それらは勇気のエネルギーとしてなり得る。

109

小さなこと

大の大人がそんな小さいことをと言われる。

でも、小さなことが大事につながることがある。

大きなことを成し遂げたり、知ったりするには、小さな細かいところから気をつけなければ、大きなことは達成されないと思う。

大多数の人のために、一人の人間をおそろかにするということも同じことだ。

色々な経験を積み重ねて、小さなことを積み重ねて、そして自分の知恵や自分の信念、考えにしていく。

小さな経験も大事なへそくりだ。

小銭でいっぱいになったへそくりは、それらの共通点をまとめて一つのかたまりにしておく。

両替だ。1円を10円に。10円を100円に。100円を札に。というように、へそくりに共通点があれば、それを大筋としてまとめておけばいい。

110

広い視点

物事を広い視点で見ること。

例えば、車の運転をする人は自分の進む方向だけを見ていれば良いと言ったら、たいへん危険である。

様々な状況を予測して、大事なポイントを押さえつつ、広く周りを見ながら運転する。

広い視点で自分と周りの環境、世界を見ることで、自分が見えてくる。

111

趣味

文具が好きだ。
何故かわからないが、つい買ってしまう。
特に、ボールペン。
不思議なもので、ペン先に多少のガタつきがあるのが好みだ。
書いていてカチカチと音がするのが気持ち良い。
これが良いものというわけではない。
個人的な好み。
趣味は自由でいい。

112

言いわけ

言いわけをするなと言いたいが、何より自分に対して正直であって欲しい。
自分が持っている信仰があるなら、その前で堂々と自分をさらけ出せるか。
恥ずかしい自分でないか。
無いなら、死の前に後悔しないかだ。

113

力を抜く

力を抜いて圧を放つ。
ん？　と思うかも知れない。
でも、やってみて欲しい。
腹に力を込める気持ちで、あとはだらりと力を抜いておく。
心の持ちようも同じだ。
いつも緊張していては、イザという時に心が力を発揮出来ない。

114

人との縁、出会い

人と人が会う。
こんなに多くの人間が地球上にいる中で出会う。
良くも悪くも何かの縁。
会うべくして会っている。
大事にしていきたいものだ。

115

大器晩成

歳をとってきていても、いつもこれからが勝負だという気持ち。
精神年齢は20代かもしれない。
大器晩成だと思ってきたが、もうこの年齢。
でもまだこれからもジタバタしていきたい。

116

ビビらない、ナメられない

まず何事もビビらないこと。

怖いこともあるだろう。それは認めて、自分の出来る限りのことをやる。

ビビってしまったら、本当の力が出せない。

ビビるとナメられる。

ナメられたら相手は優位に立っているから、立場を逆転するには、それ以上の気合、気迫が必要になる。

だから、まずビビっていても、そう見せないこと。

ナメられないようにすること。

でも威張ることとは違う。

気持ちが張っている感じというのか。それこそ圧を溜めておく。

いざという時にその力を放出するのだ。

これもココロのへそくりだ。

117

私は強い人間だったのか

もともと強い人間だったのか。

それはない。

負けず嫌いで怒りっぽさは人一倍だったと思うが、それは弱さから。

そして、その悔しさ、怒りをエネルギーとして、圧として、放つ方法を考え出した。自分なりの方法として。

自分は弱いと思っている人は、他の人もみんな変わらないと思った方が良い。

118

ネコのミコ

オレが電話で少し声を大きくしたりするとき。
要するに、怒っているときだ。
ネコが近くに寄ってきて、悲しそうにクーンクーンと鳴く。
怒らないで。とでも言っているように。
ミコにはかなわないんだなぁ。

119

家族

何だかんだ言ったところで、母親の存在は大きい。
何とかここまで来れたのも、母親と嫁、また甥、姪、姉、弟がいたからだ。
恩返しできるかわからないけど、もう少し待ってよな。

120

信念を持つ

信念が大事だと思うのは、自分で自分を制限している何かを打ち壊すことが出来るからだ。

自分には無理だと思っていることがあったとしても、強い信念を持っていると、信念が強ければ強いほど、限界は越えられるものだ。

これだけは、というとき。相手が誰であろうが立ち向かえる。

助けを求めてでも、達成する気持ちになる。

121

刺激

刺激が多いほど、楽しさが増えるもの。
新しい刺激はストレスにもなるが、それを楽しむこと。
毎日何か一つでも、いつもと違ったことをやってみる。
ちょっとした変化を加えるだけで、心も成長する。
ストレスも楽しむことだ。

122

生きていれば

いろんな壁にぶち当たる。
それを壊すか、乗り越える。
その先にまだ見たことがない何かが必ずある。
壁の向こうに隠されて見えない何か。
乗り越えてやろうじゃないか。

123

いいな、と思う

こうなれたらいいな。
こういう風になるといいな。
ではいけない。
こうなるんだ。
こうなることになっているんだ。
そういう考え方が成功する近道なのだ。

124

挑戦

初めてやること。
わからないこと。
挑戦するのは誰でも怖いもの。
怖いのは知らないから。
でも、知識としてわかっていても出来ないものもある。
スカイダイビング、バンジージャンプ。
夢をたまに見るけど、あれは出来ない。
いや嫌い。

125

人間性を批判しない

例え、敵でも人間性を批判したくない。
罪を憎んで人を憎まずということなのか……。
その人間の行為は批判しても、人間性は批判したくない。

126

相手の本質を見る

相手がどんな人間か。

少なくともどんなことに価値を見ているのか。

そうやって相手を知ろうとする、興味を持つことが大事だ。

この人はこんな考えを根本に持っている。

それがわかればとても良い。

127

オレの許可なく

オレの感情を変えることは出来ない。
感情が出ているのは何らかの目的があって、自ら許可したものだ。

128

カッカとする気持ち

カッカとする熱量の高い気持ちを大事にしている。
怒っている訳ではない。
勢いがつくからだ。
熱量が高く燃えれば燃える程、高出力エンジンのように勢いとパワーが出てくる。
それを利用するのだ。

129

怒る理由

オレはよく怒る。
それには自分なりの理由がある。
怒っている自分と、怒られている相手。
心で泣いているのは、多分オレが先。
烈火の如く怒っているのだが、相手の気持ちを考えてしまう。
相手に与えたものは、そのまま返ってくるのだ。

130

優しさ

どんな人間も必ず優しい面を持っていると信じている。
それぞれの個性で違いがあるだろう。
人との関わりの中で優しさに触れた時が好きだ。

131

従順なポチ

何でも言うことを聞くポチを作り上げようとしても、オレはただのポチではない。
イザという時は牙をむく、獰猛さを持つポチだ。
大人しいからとナメていると、飼い犬に手を噛まれる。
噛まれるだけでは済まないよ。

132

組織

どんな立派な看板を掲げている組織も、重要なのはその組織を作っている人間だ。
その立派な看板を敵に回しても、俺は自分の信念に反するなら、いつでも闘う。
その位の覚悟は持っている。

133

友人

仲が良いからとベタベタするのは好きじゃない。
話さなくったたって通じる、そんな関係が心地いい。
そんな人間と深く関わりたい。
それにしてもね、友人というものがいったいどういうものなのか……。
未だにわからないんだ。

134

向こうの都合

会社や店に、それぞれの決まりがあるだろう。
それは社内の人間にとっての決まりであって、それでいい。
ただオレにそれを押し付けるな、といつも言っている。
それらの決まりは尊重するが、オレにはそこは関係ない。
お互い様。

135

尊重する

人はそれぞれ尊重し、尊重される関係でいたい。
尊重されていると感じれば、それ以上にこちらも相手を尊重しようと思う。
こちらで尊重しているのをいいことに、調子にのってナメてくる人間も中にはいる。
ナメられたら、圧を使い、ナメられないようにするのだ。

136

我慢は〝タメ〟

我慢は〝タメ〟と考える。
〝タメ〟を効かせれば強い力が出てくる。
弓矢と同じ。引けば引くほど遠くに矢は飛んでいく。
弓を引く瞬間の我慢が〝タメ〟になり、へそくりになる。
将来、大成するかも知れないぞ。

137

気迫

突然何かが起きる。

それを受け止める。

必要とあらば、〝オレとやる気か〟と気迫を見せる。

圧を放ち、身体が何かに包まれるような、拡大しているような、そんな感じになるんだ。

138

粋な痩せガマン

苦しい時になんでもないという顔をする。
痩せガマンてカッコ悪いのか？
オレは、男の根っこには、痩せガマンがあると思っている。
〝粋〟という言葉があるが、痩せガマンができることが〝粋〟ではないかな。
ガマンは強いエネルギーを作り出す〝ダメ〟。
痩せガマンは〝粋〟。
ココロのへそくりがあればあるほどいい。
ガマンで〝ダメ〟作り、痩せガマンで〝粋〟に振る舞う。
〝粋〟と〝ダメ〟。
どっちも大事なんじゃないだろうか。

139

人を褒める

人を褒めたり良いところを見つけたりする余裕が欲しい。

そのためには、自分が信じている信念や理想、夢などをたくさん持っていることだ。

自分の内面が豊かなら、他の人を褒めたり認めることが嬉しくなる。

だからココロのへそくりが大事なんだ。

140

精神力

平和のために戦うというのは、矛盾するのだろうか。
否。
弱いものを責める人間、己の地位を利用して他人にガマンさせる者。
それで平和が訪れるのか。
最高の強さは、非暴力で戦うことのできる者だろう。
力で体を傷つけられても、精神の力で屈服しない者だ。

141

人を信じること

人を信じたい。
何度利用されたかわからない。
でも、後悔はしていない。
そういう選択をしてきたつもりだ。
結果は残念なことが多い。
それでもなお人を信じたい。
自分のココロのへそくりがいっぱいになったら、人に施せばいい。

142

相対的

すべては相対的だ。
明るいから暗さが分かる。
寒いから暖かさが分かる。
良い行いがあるから、悪い行いがわかる。
好きか嫌いかも同じ。
もし、どちらかしかなければ……？

143

空白をつくる

たくさんのノートを使ってきた。
使っているうちになんとなく決まりごとができてきた。
まず、何でも書いておくこと。
一冊だけに、というこだわりはない。
一度に何冊も同時に使う。
どれも見開きの左側には書かないでおく。
後からつけ足せるように。
頭の中も心も同じ。
書いておけば、覚えてなくていい。
空白を残しておくのだ。

144

怒り

この怒りをどうするか。
作り笑いして忘れ去るのか。
否。
自らの命も惜しくはない。
そういう怒りを経験したことがあるならば、そういう怒りを知っているのならば、
それをコントロールしろなんて言わないだろう。

生きる

145

大切なもの

大切なものは自分の中にある。

大切なものは与えてもなくならないものだ。

それどころか増えるもの。

お前はそういう心のへそくりをたくさん持って与えていく人になれ、と言われているような気がする。

心のへそくりはつまるところ愛情だと言ってもいい。

愛情は与えるほど自分が豊かな気持ちになってくる。

146

仮説を立てる

いろんな経験を重ねて、一見、関係なさそうなものを組み合わせて自分なりの仮説を立ててみる。

それを実行してみる。

すでに発見されていたり、言われていたりすることかもしれないけれど、理解の仕方、言い方の違いで頭に新しいコネクションが出来る。

全て仮説から始まったのだから周りを気にせずやってみること。

147

心を鍛える

身体を鍛えるのと同じように心を鍛える。
筋肉は負荷、すなわちストレス、刺激をかけることで発達する。
ボディビルダーなどはあらゆる方法を使い分け、身体を作り上げていく。
心も同じ。
多くの経験が負荷となり、刺激となり鍛えられていく。

148 見た目、自己イメージ

見た目が大事と言ってきたけれど、それはその人がどうなりたいかによる。
セルフイメージだ。
こういう自分になりたい、と思ったらそういう見た目から入ると目標に近づける
ものだ。

149

怒る

怒りっぽい。

怒るのは怒らないでいるより、よっぽど疲れるものだ。

怒ることで相手と分かり合えるかも知れないと思えば怒る。

どうでも良ければ疲れるので怒らない。

怒られる側としては余計なお世話だと思っているかも知れないが……。

150

心の間合い

安全をとって、広い間合いを取れば、相手との理解度や共感、互いを知ることが浅くなる。

相手の懐(ふところ)に思い切り入ってみる。

自分をさらけ出して。

相手の気持ちになって。

相手の懐に入れば、言葉にも力が乗る。伝わる。

近づき過ぎるのは良くないが、何か本気で相手に伝える時は心の距離を詰めるといい。

151

独り言

誰が！
戦いの時代には指揮を取る者で大きく変わる。
どう考えているのか！
オレの今後の関わり方と立ち位置について。

152

正解は自分の中にある

それぞれの人の信念は同じではない。
だから正解もそれぞれだ。
共感ができる言葉があれば、自分のものにして信念を作り上げてゆく。

153

コントラスト

光・陰
雨・晴
暑い・寒い
強い・弱い
苦労したから楽になろうと努力する。
ガマンしたから人の痛みがわかる。
自分の中にある好きか嫌いか。
楽しいか楽しくないか。
正直に生きてみる。
理屈ではない。

154

金銭

お金のために人がいるのではない。
人のためにお金がある。
人のためになる使い方をしたいと思う。

155

力の溜め方

自分が諦めない限り、挑戦できるんだよ。
ゆっくり静かに力を溜めておく。
力を抜く時は力を抜いて。
抜かなければ、力がでないよ。

156

時と場合

自分がして欲しいなと思うことを相手にするようにしている。

逆に相手との勝負の時。

それは、相手がされたくないことをすることだ。

157

揉めごとさえも

オレの周りではいろいろな所で揉めごとが起こる。
数多く経験してきた。
それが今となっては、何だか楽しくなってきたのだ。

158

経験も程度

経験が重要だと散々言ってきたが、その経験が新たな考えの妨げになることも多々ある。

経験に囚(とら)われ過ぎない

経験の伴わない知は、単なる情報。

でも、経験に頼り過ぎないこと。

159

小事

そんな小さなことをみっともないと言われても、一事が万事。
小さなことを見逃すと、大きな火種になる可能性があるのだ。
小さなうちに潰してゆくのが賢明だと思う。

160

個性

ココロのへそくりは心の余裕だと言った。

様々な経験をし、それを自分の中で消化し、自分のものにしてゆく。

強さも弱さも全て受け入れ許す。

それが個性というココロのへそくりであり、世のため人のために自分が自由に使えるものなのだ。

161

自分の人生の舞台の勝利者となれ

比較するのは自分だ。
周りの人は脇役と思うくらいで丁度いい。

162

人生は予測不能

予測した通りにならないと、感情が出てくる。
でもそれは、予測した通りにならないことを予測していないから。
人生は思った通りにならないことばかりだけど。
だから面白いんじゃないか。

163

足もと

自分の足で立っている、そんな人に何も言うことなど出来ない。
自分の責任で、自分の考えで生きている。
そんな人は自らを見直す手本になる。

164

気迫を求める

ごく普通に生活していれば、気迫などはあまり必要とはならないだろう。
でも、いつも同じ毎日を送っているよりも気迫を使うような日。
そんな日が、時折必要となる人生を求めてしまう。

165

上手い言葉より熱意

話すのが上手い人がいる。
仕事であれば全く問題がない。
が、プライベートでは何だか人間味がないというか、本質、本性が見えない。
上手く話すより、どれだけの熱意が伝わってくるか、それの方が大事だと思う。

166

自分に返ってくる

「因果応報」という言葉がある。

やったことが返ってくるというもの。

人生は生まれて死ぬまで帳尻が合うようになっている。

だからというわけではないけれど、人に対して自分ができること、助けられることはしていきたい。

167

人間、長く生きても100年

多少の違いはあれど、100年のうちやりたいように動けるのが50年とすると、本当に大切なことを見極めていかないと、いくら時間があっても足りないな。

今を本当に大事に生きていきたいと思う。

168

代わりに死んでくれるのかい

人間、他の誰かに代わりに死んでもらうことは出来ない。
いつか自分で責任を取るというか、一人で死んでいかなければならない。
死ぬ時が来たら、いい人生だったと思いたい。
願わくばもう一度同じ人生を、と思いたいものだ。
築き上げた自分の今。
ここで失うのも悪くない。
バカと言われようが、自分を誤魔化し生きたくない。
死んで何か持っていけるのかい？　誰か代わりに死んでくれるのかい？
生まれた時から一人で死ぬことになっている。
後悔だけを持って行く。
ならば少しでも悔いのない生き方をしようじゃないか。

169

人間は強くない

人間は強くない。
むしろ弱い生き物だと思う。
だから助け合って生きていくのだろう。
強い部分がある人は、弱い人を助ける。
シンプルなことだと思う。

170

目の力

目力というものがある。
目力。何なのか。
鋭い目つきなのか。
他に何かあるのだろうか。
ただ、自分のことはわからなくても、人の目を見れば何かを感じる。
目は口ほどにものを言うとは、良く言ったものだ。
というわけで、自分の目が最近調子が良くないので、なおそう思う。

171

心に余裕を持つ

心に余裕を持つこと。
それがココロのへそくりの本質であり、効果だ。
心の余裕が何によるのかは、人それぞれだと思う。
余裕の部分の器を大きく、いろいろなものを入れておく。
それは人にペラペラ話すことではないし、いつも発信しているものでもない。
イザという時に使うのだ。

172
プライド

自分を安売りしない。
自分の値は自分でつける。
それくらいの気持ちでないといけない。

173

信念・覚悟・情

信念・覚悟・情を大切にしている。
信念も、覚悟も、情がなければ自分勝手な人間だ。
情のない信念・覚悟は厚みがない。

174

損得

損得で人と関わらない。
関わったからには全力で相手と向かい合う。
貸した金が返せる人間かどうかは関係ない。
貸したいと思ったら貸せばいい。

175

自分のルール

自分のルールに従う。
信念というのか。
他人のルールは他人に任せればいい。
それはオレの知ったことではないといつも言っている。
他人のルールは尊重するが。
それに従うつもりはない。

176

誰かの世話になる

人間は離れているようで繋がっている。
どこでどんな出会いがあるか、世話になるかわからない。
人を選ばず、人には親切にしたいものだ。

177

大事なものがある部屋は

自分にとって大事なものがある家、部屋には鍵をかけるだろう。
心配で確認に戻ったり。
心の中の大事なものは誰も奪えない。
一番大切なものは心に入れておけばいい。

178

心の刀

心の余裕としての懐刀(ふところがたな)は簡単に抜くものではない。
自分の心の安心として身につけているだけだ。
そうそう抜くつもりはない。
だけどね、守らなきゃならないもののために、いつでも抜く覚悟はできている。

179

良い行い

良い行いは、出来れば人にわからないようにしたい。
理由は、単純だ。
自分の心の納得（なっとく）なのだから。

180 名言

名言のたぐいは解説付きのものが多い。

それぞれの読み手、聞き手の経験や度量、器量によって、理解の仕方も異なるから良いのだ。

名言は最初触れた時から何年も経て、また違う理解になるから面白い。

181

プライドの持ち方

プライドが高い、なんて良く言うが。
オレが言うのは、自分の気位というか、自信というか。
つんけんしたプライドではない。
謙虚さを備えたもの。
いや、謙虚な姿勢でいながらも、筋と言うか骨を持つということだ。
自分を尊重してあげることだよ。

182

流れに逆らわず

追い詰められて初めて覚悟するのでなく、何事にも受け入れて、あとは自分に任せる。
自分を信じろ。
さあ、どんなものでも来てみろと。
あとは任せたぞ、お前に。
結果がどうであれ、それも覚悟の上。
流れに逆らわず受け入れる。
その先に何かが見えるだろう。

183

かくれんぼ

本当の自分とは何か。
本当の自分を探したり、見つけようとするが……。
まるでかくれんぼのようだ。
自分の逃げ込む〝クセ〟を知ること。
そうすると隠れている自分を見つけるヒントがある。
本当の自分で生きていたいものだ。

第5部

こんなオレでも生きてきた

184

高校受験の失敗談

地元の出身中学でのちのち語り継がれたという、オレの高校受験。

単願で落ちる訳がないと誰もが思ったが、合格発表の電話がオレだけ来ない。

まあ、待っていればそのうちくるだろう、くらいにしか思ってなかった。

しばらくして担任から電話があった。

なんと不合格。

担任の先生が受験先の高校に理由を問い詰めたところ……。

三科目のうち、数学だけが一桁台だと言う。

ああ、確かに数学は最後の科目で、他ができたと思ったから、途中で答案を書くことをやめてしまったのだ。

名前だけは忘れるなと言われていたので、名前は書いた。

しかし、10問ほど解いて、外を見ていたと思う。

こんな失敗から得るものがあったのか……?

あったのだ。
あるはずがないと言いたいが。
絶対に行かなかったであろう二次募集の高校に行ったこと。
これは後々の人生に大きく影響したと思う。
今では考えられないような学校ではあったが。
〝ビビらない〟と言う精神的な教訓を得た気がする。
ナメられたらやられる。
ナメられたら打破する。
怒りをエネルギーにする。
圧を放つ。そうした原体験が作られた時期かも知れない。
ある時は相手の強いところを攻める。
大人数が相手なら、一番強そうな相手に目をつける。
そこが揺らげば、全体が弱ってくる。
同様に相手に、自分の得意とする方法、強みを知られないようにする。
そこを攻められて崩れたら、オレのバランスが弱いところで安定してしまう。

185

想像はそれぞれに

体験を元にして。
朝起きてみたら手が血まみれだ。
壁を殴ったのだ。
そして板ばりの厚みのある壁に、 穴があいていた。
ホテルの壁にも穴が……。
これは事実である。
どんな夢を見たのか。

186

完璧でない作品

小学校の頃に、ステンドグラスのコンクールがあった。
何かの授業で作った作品を、先生と生徒の投票によって学校の代表を決める。
オレは体育を休んで、期限に間に合うように完成することを目標にした。
だから完璧など考えずに、ただ提出に間に合うべく完成を目指した。
まあ、出来は荒削りだった。
自分では何とか完成したと言えるだろうくらいに思っていた。
そして、投票の日。
発表では何と代表として市に出展となってしまった。
細かい所を見れば、雑でなぜと思った。
先生は、発想が皆に受けたんだと言う。
丁寧に良く出来ている他の作品と比べて、自分にはなぜかわからなかった。
それはそれで嬉しかった。

一生懸命にはやったかな。
いかんせん適当な性格もあって、イメージだけの作品だと自分では思っていた。
完璧にはほど遠い。
だけど、誰も完璧な作品を求めているわけではないということを学んだ。

187

見て見ぬフリ

ある時、人の多い銀座で、女性が男性と話していた。
別にどうという感じではないのだが、近づくと女性はかなり嫌がっている。
ナンパかな？　と思って、ゆっくり近づいてゆくと女性がこちらを見ている。
困っているのか……。
周りの人達は見て見ぬふり。
関わりたくないのだろう。
余計なお世話かもと思ったが、気の向くままに近くに行ってみようと近づいた。
ああ、これはマズイと思った。
そういう時は女性の知り合いのふりをしていくのが良いと思い、「ん？」と一言、
男性、女性の顔を見て言うと、男性は「すいません！」と走り去って行った。
悪いのがわかっているから、走り去ったんだろう。
女性は怖かっただろう……。

私を？

いや、ナンパの男性だと思うが……。

軽く頭を下げて去って行った。

何ということはない話だけれど、こんな風なことによく出くわす。

こういう時も軽く〝圧〟を放っていく。

自然によくやっていることだ。

しかし、見て見ぬふりをしていく人が多いこと。

少し残念に思った。

188

気迫

車の運転は好きだが、車種にあまりこだわらない。

小さい車に乗っている時は、いわゆる〝煽り〟に何度も遭遇した。

あまりにひどいと車を止め、先に行くよう手で合図するが、たいてい車を降りてくる。

相手が降りてくるなと感じ取った瞬間に、私はすぐに車を降りる。

キャンキャンと何かを言って近づいてくるが、「ワン！」と一声、思いっきり圧を放つ。そんなイメージだ。

そんなことが多過ぎて、嫁が外出を嫌がるようになり、少し大きめの車に乗っている。

不思議なものだ。車が変わっただけで、中に乗っている人間は何も変わっちゃいないのに、ぐっと煽られることが少なくなった。

少しさみしい気持ちもするが、これでいいのだ。

見かけ倒しだとしても、ケンカになる前に防ぐ。
大事なことだと思う。
だから身なりはある程度、きちっとしていたら良いのだろう。

189 時計

親父が亡くなってから、急に腕時計の趣味が始まった。

一つ仕事を終えると、つい何を買おうかと考えてしまう。

思い起こせば、親父が亡くなる一年ほど前だったろうか。

珍しく欲しい時計があると親父が言った。

近くの安売りスーパーの時計コーナーらしい。

7割引きか、それ位の値引きをしているという。

それが欲しくて仕方ないと。

何でオレに言うのかなと思った。

オレでも買えるけど、そんなに欲しければ買ってしまえばいいのにと思っていた。

一週間ぐらいして、悩んだ末に買ったと電話がきた。見に来いと。

その後になって、その時計はオレにも買える金額だったし、プレゼントして欲しかったのだと確信に変わった。

もう親父はいない。

そのせいなのか。

トラウマなのか。

時計にハマる理由が全く無いのだ。

何かしてあげたい時は、すぐに出来ることをすべきだと思った。

その親父の時計は、遺品として戻ってきたが、自分の元に置けずに世話になった方にお渡しした。

190

日本刀

日本刀って普段あまり見ることは無いし、持つことも無いと思う。

小さい頃から本物を見てきたし、いいものかどうかはわからないけど、身近にあった。

決して自分のものでは無いけれど、日本刀ってどこか人間を見透かしているように、幼いながらに思ったものだ。

191

火炎瓶事件

19歳か20歳ぐらいのときか、夜中の12時頃。

いつもはまだ起きている時間だが、すっかり眠っていた。

突然ドンドンドンと、頭の上でもの凄い音がした。

トタン屋根だったので、余計に大きな音がした。

二階の部屋の窓が割れ、ベッドの上に火のついた瓶が落ちた。

悲鳴が聞こえた。姉だ。

見ると火炎瓶が投げ込まれていた。

合計6本ほどだ。

特にそんなことをされる覚えはまったくなかったのだが、その後、警察の方が何人も来て、オレの部屋にガソリン臭い瓶が置かれ、何故か取調べが始まった。

原因はオレではないかと刑事さんは言う。

何度も女性関係のことを聞かれたが、オレは全く身に覚えがない。

朝方5時位までの取り調べは何の意味もなかった。

母親と義父が1階にいたが、やはり朝まで警察での取り調べ。

おそらく、原因はオレがバスで迷惑行為をしていた人間を追いかけ回したという説が有力だった。

逆恨みにもほどがあるよ。

192

西郷どんの血

自分には西郷どんの血が流れていると。
幼少の頃から聞いていた。
子供の頃は何のことだかよくわからなかった。
母方のオレの祖父にあたる人が西郷どんの孫。
オレのおじいさんだ。
だからといって自分は自分。
偉くなんか、ちっともない。
先祖が仮に西郷どんであったなら、負けないように生きていきたい。
それだけだ。
話半分で聞いてください。

193 西郷どんの言葉

「人を相手にせず、天を相手にせよ」
西郷どんの言葉。
たしかにその通りと思う。
細かい時代時代の流行りに左右され、本筋を見失ってはいけない。
天は何でも知っている。
オレの人生見てくれよと言えるように生きていきたい。

194

友人たちの死

この1、2年で、長い付き合いの友人と、これからが楽しみな友人が亡くなった。
まだ私よりほんの少し年上で、これからという時に。
長い友人は、自ら命を絶った。
人が良いのを利用され、お金を使わされ、精神病院に入れられた。
それを聞いた時、自分の力のなさが嫌になった。
他にも、高校のイジメの別件で相談にのっていた。
学校、関係者は知らぬ存ぜぬ。
出来る限りのことはやったつもりだ。
しかし、何か力が子供の親御さんにかかった。もう断念するとの結論。
悔しかった。
そのたびに自分はまだまだという気持ちになった。
その悔しさや怒りが、今の行動の源になっている。

195

安心毛布

子供の頃、安心毛布というものがあったな。
なぜなんだろう。
それを触っていると、眠りにつけたものだ。

196

電気の光

子供の頃、夜寝る時の電気を暗くすると、オレンジ色の電球が点いた。
あれが嫌い。
今でも、何だか落ち着かない。
八ツ墓村の映画を思い出すんだ。

197

眠れない夜

夜はなぜいろいろなことを考えてしまうのだろう？
早く眠りたいと思いながら、この原稿を書いている。
そろそろ朝だ。
皆が動き始める。
何故か安心して眠くなる。

198

同じ夢を見る

何度も同じ夢を見ることがある。
夢の中で夢とは思わず、夢の中の世界に生きている。
果たして、どっちが夢なのか。

199

人間関係のへそくり

人には言わない理由があるんだ。
悪気はないんだ。
ややこしいだけ。
悪さもしていない。
ここはオレのわがままを聞いてくださいな、先生。
言葉で説明できることではないけれど、嫌いで言ってるんじゃないんだ。
ことをうまく話すには、少し不器用なんだ。

200

面倒くさいやつ

オレは面倒くさい人間だと思う。
人があまり突っ込まないことを、納得出来るまで話してくれと譲らない。
納得出来たら、何だそうか！　と怒ったことも忘れてしまう。
申し訳ないと思う。

201

善・悪よりも

何かを判断する。
最後は善悪より、好きか嫌いか。
自分勝手かもしれないが、そうやって生きてきた。

202

甘える

人に甘えられることは多々あるが、甘えることはほとんどない。
子供や動物のように甘えたいのだ、本当は。
甘えん坊だから、逆に甘えられない。
よろしく頼みます。

203

声

好きな声と、そうでない声がある。
そもそも俺は声に自信がない。
録音した声が全く自分の声でない気がして。
自分としては、もっと低い声だとか思っていたが案外高い声だった。
声で惹きつけることができるなら、もっとおしゃべりだったかな？

204 言葉

黙っているからといって、その人が何も考えていないということではない。
〝雄弁は銀、沈黙は金〟。
よく親父が言っていた。

205
忘れられない日々

一日の食事が菓子パン一つ。
20代の記憶。
クリスマスが嫌いだった。
一人でコンビニのケーキを買って狭いアパートに帰る。
ストーブに入れる灯油が無い。
体質的に飲めないアルコールで身体を温めた。
飲んでいたのは料理用ワイン。
頂き物だったが、毎日寝る前に少しづつ飲んで身体を温めた。
そして嫌なことを忘れる様に眠った。
それでも何とか生きてきた。
こんなオレに懐いてくれていた甥と姪。
お兄ちゃん、お兄ちゃんと。

心の支えだった。
仕事から帰ってくると玄関の下の階段で座って帰りを待ってくれていた甥と。
どこかの家のネコだろうか、３匹が交代して玄関で帰りを待っていた。
帰るとネコはどこかへ消えていった。
半年以上、そんな日が続いた。
心の支えであり、あの時のことを思い出すと、今に見ていろ、と。
そう決めた日に、今は近づいただろうか。
あの日々を忘れない……。

206 家庭

小さい頃から普通の家庭に憧れた。
話してても信じてもらえないであろう環境だった。
それに比べたら他の人の苦労なんて……とは決して言うつもりはない。
その人その人の中で苦しいのは同じ。
内容の問題ではないのだ。
だからどんな人の苦労も真剣に聞く。

207

波長

何だか上手くいかないな、空回りしているな。
そういう時は、上手くいってる人に会ったり、話したりすると、
自分の波が整ってくる。

208

当たり前の生活

自慢じゃないが。
オレは育ちの良さとは無縁だ。
やっとこの10年ほど、まともな生活ができるようになったくらいだ。
カップ麺とパン一個。嫁の実家にも世話になった。
そんな生活が長く続いた。
だから今でも無くなってしまうという恐れからか。
早食いがどうしても止められないのだ。
食べること、生きることへの執念とも言うべきか。
今に見ていろ、このままじゃ終わらない、という気持ちか。
〝生きる〟という力となっていたのは間違いない。

209

眠るか靴下を履くのか

大事な決定をするときこそ、シンプルに決める。

靴下を履くのが面倒な程度の気持ちなら、眠る方を選ぶ。

◎あとがき

経験をもとに。

この本に書いてあるのは、自分が悩んで出てきた言葉、方法だ。

その中で思ったことを書いている。

自分で効果がなかった事は失敗として、教訓にしている。理屈ではわかっているけど、実行していないというのはやっていないのと同じだ。

何事も経験がある人に聞くことだ。


まだまだこれから。

オレの人生、少しくらい良いことがあってもいいだろうと思った。

いつか良いことがあると頑張ってきた。

良いこと、それは目の前にあった。

今、生きていること。

人と出会っていること。

幸せを先延ばしにする必要は無い。

今幸せになればいい。

幸せだと自分で決める。

それだけだ。


オープン、オープン、自己開示だと言うけれど……。

相手に知らせてない、自分の中だけにしまっておく、そういうことの方が、知らせることより、深い人間力と言うか。そんなものがあるように思う。

へそくりは秘密なんだ。

ココロのね。


万人受けする本などないのなら、好きなことを書いて、自分の考えを貫いて、伝えてみたい。

他人の評価を気にしていたら何にも出来なくなる。

あとがき

オレはオレなんだ。

ウソはいけない。


いろいろ書いてきたけど、結局何も言わないのが一番じゃないか？

ここに書いたことは、オレの今の心の状態であって、普遍的な言葉ではないだろう。


時代が変われば。

いや、これはおかしい。

これはわかる、とフラフラ。

人生に正解はないけれど、生命の存在自体が大切で、生きていることが大切だ。


何かをしたから偉いのか。

何年も経てば忘れられるもの。

誰かの人生に少なからずとも影響を与えて、こんな人間もいたんだ、と記憶に残れば幸いだ。

人間は生きている間、ムダな物をたくさん作り、持ち、手放し、人生を終える。
オレは何もしなかった。私は何もしなかった。
それでいい。

生命の繋がりを持って生きた。
それでいいじゃないか。
舞台が閉じるその時に、自分で自分に拍手を送ろう。
自分が見てきた世界。
自分が作り上げた物語。
これから作る世界もあるだろう。
人の数だけ物語があるんだ。

今を精一杯生きることを知るために多くの時間、経験をして、過去でもない、
未来でもない、今を生きることを知るための試練なのではないか。
生きている意味を探して悩み考える。

あとがき

ああだこうだ悩んでも〝生きつく〟先は無。
〝今〟が全てだ。
そして、今、何をするか何を感じるかは自分自身に任されているのだ。
時を待つな。今を無駄にすればいつ大切な時が来るというのか。
大切な時はたった今なのだ。

北井孝英

カバーデザイン：オセロ
編集：パインマツ（パインプレーリー合同会社）
構成補助：カネコシュウヘイ、カワセケイコ

著者紹介

北井孝英（きたいたかひで）

1968年、神奈川県横浜市生まれ。中央大学法学部政治学科中退。

ウエイトトレーニングを15歳より開始。後に独自のトレーニング法を考案。某レーシングスクールオーディションにて250名中1位で通過。その後、自動車レース参戦。

モデル・タレント業を経て現在、（株）北井地所代表取締役。（株）KITAI OFFICE代表取締役。（株）オフィスMIco.代表取締役。

プライベートトレーニングGYM K.O.GYM"pro"代表。愛称に社長、アニキ、BOSSなど。（一社）日本キッズヨガ協会監事。オール神奈川アームレスリング連盟会長。2019ミスジャパン 上席理事審査員等。

著書には『覚悟を決めると楽になる』（知道出版）がある。

Twitter @681217KOffice

ココロのへそくり　大切な人を元気にする209の言葉

2021年8月28日　初版第1刷発行
著　者　北井孝英
発行者　鎌田順雄
発行所　知道出版
〒101-0051 東京都千代田区神田神保町1-7-3 三光堂ビル4F
TEL 03-5282-3185　FAX 03-5282-3186
http://www.chido.co.jp
印　刷　モリモト印刷

ISBN978-4-88664-345-2